Made in the USA
Las Vegas, NV
06 December 2021

36253178R00085